7 DÉCEMBRE 1875

LE COMTE DE LOVERDO

DISCOURS

PRONONCÉS SUR SA TOMBE

PAR

M. TRIPIER

Préfet de l'Oise

ET

M. COTELLE

Président du Tribunal civil de Beauvais

PARIS

IMPRIMERIE CENTRALE DES CHEMINS DE FER

A. CHAIX ET Cie

RUE BERGÈRE, 20, PRÈS DU BOULEVARD MONTMARTRE

1875

7 DÉCEMBRE 1875

Le Comte de LOVERDO

DISCOURS

PRONONCÉS SUR SA TOMBE

PAR

M. TRIPIER

Préfet de l'Oise

ET

M. COTELLE

Président du Tribunal civil de Beauvais

PARIS

IMPRIMERIE CENTRALE DES CHEMINS DE FER

A. CHAIX ET Cie

RUE BERGÈRE, 20, PRÈS DU BOULEVARD MONTMARTRE

1875

Beauvais, le 7 Décembre 1875.

DISCOURS DE M. TRIPIER

Messieurs,

Maintenant que l'Église a appelé sur celui que nous aimions la miséricorde de Dieu, par ces prières sacrées auxquelles nous nous sommes unis du plus profond de nos cœurs, qu'il me soit permis de rendre un suprême hommage à une mémoire qui restera chère et vivante dans notre souvenir, n'y eût-elle point été gravée en traits ineffaçables par une catastrophe aussi terrible qu'inattendue.

Le comte Georges de Loverdo appartenait à une famille qui avait rendu et rend encore d'illustres services dans l'armée et la magistrature, à sa patrie d'adoption. Il a su noblement porter son nom. Entré de bonne heure dans la carrière administrative, il la poursuivit avec succès, se faisant aimer et estimer de tous ; énergique, loyal et intègre, selon la tradition des siens. Le courage et le dévouement, qui étaient dans sa généreuse nature, éclatèrent en plus d'une occasion. Dans une épidémie de choléra qui décima son département, il portait lui-même des secours aux malades, exposait sa vie sans hésiter : la croix de la Légion d'honneur récompensa plus tard sa noble conduite et ses services.

Lorsque éclata cette guerre funeste, mais non sans gloire, qui devait bouleverser tant d'existences heureuses, il n'hésita pas à offrir sa vie à la France en danger. Il l'eût fait avec une joie sans mélange, s'il n'eût infligé en même temps une grande douleur à ses plus tendres affections. C'était un sacrifice ; il l'accomplit avec courage, prêchant d'exemple et montrant que l'enthousiasme qui courait alors comme un souffle patriotique sur la France tout entière, l'avait pénétré jusqu'au fond de l'âme et ne fléchissait pas chez lui. Associé d'abord à la fortune de nos jeunes soldats, il prit part à leurs premières rencontres avec l'ennemi. Puis, il s'offrit à lui de nouvelles occasions de combattre, et un glorieux général, auquel le rattachent des liens d'amitié et d'origine, le prit à ses côtés pour le conduire sur de plus vastes champs de bataille.

Quelles furent ensuite ses souffrances, ses tristesses ! Le pays tout entier, instruit du sort de l'armée de l'Est, a pu les connaître et les comprendre.

Il revint cependant, et quand la paix permit à la France épuisée de se reconnaître et de réparer ses forces, il goûta au sein d'une famille qui l'adorait les douceurs d'un repos bien gagné. — Plus tard, une occasion s'offrit à lui de se fixer dans cette ville; il y avait tant d'amis, il y retrouvait les souvenirs si doux des commencements d'une union sans nuage, que cette attache nouvelle le séduisit, et, sans prétendre à de plus hautes situations, il préféra s'arrêter là où il avait trouvé le bonheur. C'est ainsi qu'il vivait au milieu de vous, Messieurs, joyeux, parce qu'il ne rencontrait que des visages qui lui souriaient, expansif et généreux par tempérament, le cœur et la main toujours ouverts, heureux d'être aimé et sentant qu'il méritait de l'être. Entouré dans son intérieur des plus vives et des plus charmantes affections, il en comprenait la douceur infinie. C'est ainsi que s'écoulait sa vie tranquille et riante, quand, brusquement, la mort, qui se trouvait là comme par hasard, l'a saisi au passage et l'a jeté, sanglant et inanimé, sur le lit d'où il ne devait plus se relever.

Spectacle cruel pour nous qui étions ses amis et qui songions, surtout, aux larmes intarissables que cette perte allait faire couler; malheur si imprévu que nous n'y pouvions croire, et que maintenant encore il nous semble un rêve affreux; — il faut nous rendre cependant à la réalité et dire adieu, en ce monde, à cet être excellent qui n'a vécu que pour faire le bien.

*

Notre tristesse, si profonde qu'elle soit, n'est rien, Messieurs.

Inclinons-nous devant la douleur sans égale d'une femme, d'une mère, d'une sœur, se voyant enlever tout d'un coup celui qui faisait leur force et leur joie, et qui était toute leur espérance; cette douleur même et ces regrets, ne cherchons point à les affaiblir : ne sont-ils pas le bien le plus précieux qu'un être humain puisse emporter avec soi dans l'Éternité?

———

DISCOURS DE M. COTELLE

Messieurs,

Il appartenait au premier magistrat du département de retracer devant vous la vie si bien remplie du comte de Loverdo, de rendre un public hommage à la mémoire du fonctionnaire intelligent et dévoué, qui se souvint, à l'heure des grands périls, qu'il était l'héritier d'une race guerrière; et dans une crise trop féconde en ambitions malsaines, en tristes défaillances, donna l'exemple d'une énergie et d'une résolution qui ne furent égalées que par son désintéressement et sa modestie.

C'est avec le cœur brisé que je viens à mon tour adresser un mot d'adieu à l'ami qui nous était à tous si cher, et dont la cruelle mort laisse un si grand vide dans la cité.

Comment dire la stupeur dont, mes collègues du tribunal et moi, nous fûmes saisis, en entendant, des fenêtres du Palais, ces chevaux affolés, cette fatale voiture! Qui ne se crut le jouet d'un cauchemar sinistre, en voyant jeté d'un bond dans l'éternité cet homme si plein de vie et de jeunesse, objet de tant d'amour, sur qui reposaient tant d'espérances, que la Providence avait comblé de ses dons, et qui les répandait d'une main si libérale, prodigue de sa bourse envers les pauvres, captivant au premier abord par les formes gracieuses que revêtait son obligeance, forçant la confiance par la franchise et la droiture qui rayonnaient sur son loyal visage; nature expansive et généreuse qui pratiquait le bien sans aucun effort et ne se plaisait qu'à faire des heureux.

Quand nous nous asseyions à son foyer, dans cette intimité qui m'était si précieuse, rien n'était plus touchant que les attentions câlines dont il entourait sa vieille mère et sa malheureuse sœur, déjà si rudement frappées par le destin. Que d'affection dans ce cœur si viril et si fier pour la compagne excellente et parfaite dont le ciel, dans sa bonté, l'avait gratifié! Quels trésors de tendresse pour ces pauvres enfants! Et quand le glas de la France expirante l'arrache soudainement à des liens si doux, avec quelle simplicité nous le voyons courir, glorieux volontaire, pour offrir sa poitrine aux balles et prendre sa part des luttes suprêmes de la patrie!

Nul n'en fut étonné, parce que déjà, sous la surface brillante et légère des qualités les plus aimables, nous avions pu lire gravés en traits de feu, dans son âme ardente, ces mots : Culte de l'honneur, religion du devoir, noble patrimoine d'une famille qui, dans la bonne et la mauvaise fortune, s'est signalée par de hautes vertus civiques non moins que par le double éclat du courage et du talent.

Les preuves qu'il avait données de la fine trempe et de la modération de son esprit pendant le calme, de sa vaillance et de sa fermeté dans la tempête, assuraient au comte de Loverdo l'accès des postes les plus élevés dans l'administration. L'attachement qu'il nous avait voué, les chaudes sympathies dont, par un juste retour, il se sentait entouré, l'ont retenu à Beauvais, où l'indépendance de son caractère lui assurait une place à part dans l'estime publique, en même temps que, par sa discrétion sans bornes, par son entrain communicatif, par le charme irrésistible de ses manières, il était de plus en plus l'âme de nos réunions.

Comme l'avenir semblait lui sourire ! Combien il nous plaisait, en y songeant, d'escompter cette amitié si sûre et si fidèle qui devait se resserrer encore avec les années ! Dieu ne l'a pas permis ! Un souffle a passé sur le flambeau d'où jaillissait tout à l'heure une lumière si vive, et de cette existence si riche de promesses, il ne reste que le souvenir.

Courbons la tête avec respect, Messieurs, sous ce décret qui nous paraît si sévère. Celui que nous pleurons ici-bas doit avoir reçu là-haut sa récompense, parce qu'il observait le précepte du Maître : Aimez-vous les uns les autres ; et que son passage sur cette terre ne fut marqué que par des bienfaits.

Puissent les parents de Monsieur de Loverdo trouver quelque allégement à leur immense douleur dans l'émotion profonde que la ville tout entière a ressentie du coup qui les accable, et dans le témoignage de nos cuisants regrets ! »

139

A. CHAIX ET Cie
R. BERGÈRE, 20